AF322307

LA COLONNE VENDOME

PAR

Alfred NORMAND

Architecte, chargé de sa reconstruction, membre de l'Institut,

ET

Charles NORMAND

Architecte, lauréat de l'Institut, membre de la Commission municipale du Vieux Pari

Avant de raconter l'histoire de la colonne Vendôme, nous esquisserons brièvement celle de la place où s'élève ce monument.

1° PLACE VENDOME

La place Vendôme doit son nom aux constructions que Henri IV y fit élever pour César de Vendôme, fils de la belle Gabrielle. La place occupait alors une surface de 18 arpents. L'Hôtel subsista jusque vers le mois d'avril 1685. A cette époque, Louis XIV en fit l'acquisition, avec tous les terrains qui en dépendaient, pour la somme de six cent soixante mille livres; il la fit raser ensuite ainsi qu'un couvent de Capucins qui y était attenant.

Les dimensions de la place primitive furent alors modifiées et fixées à 68 toises seulement (132 ^{m} 534) de largeur sur 86 de profondeur. Les constructions qui s'élevèrent n'occupèrent que trois côtés; le quatrième, sur la rue Saint-Honoré, restant ouvert. Un large portique voûté, sous lequel étaient les entrées des propriétés particulières, régnait au pourtour de la place. En face l'ouverture de la rue Saint-Honoré, s'élevait un grand arc orné de colonnes entre lesquelles étaient des niches pour recevoir des statues.

Les façades sur la place, d'une apparence magnifique, disent les historiens du temps, étaient au-dessus du portique à arcades, ornées de bossages, décorées de pilastres d'ordre ionique entre lesquels se trouvaient des fenêtres couronnées de frontons, angulaires et circulaires alternés.

Le marquis de Louvois destinait le côté de la Porte Saint-Honoré à la Bibliothèque du roi et à un grand Hôtel pour son Bibliothécaire.

Il projetait aussi d'y établir toutes les Académies royales, qui auraient eu des appartements vastes, commodes et appropriés à leurs occupations ordinaires ; il voulait encore y construire un grand Hôtel pour y loger les Ambassadeurs extraordinaires, ce qui, dit l'auteur de l'époque auquel nous empruntons ces renseignements, « aurait donné une « grande idée de la magnificence et du goût exquis du siècle. »

Mais tous ces grands projets, bien que déjà mis en partie en exécution, ne devaient avoir qu'une durée bien éphémère. Dès 1699, on avait cédé à l'Hôtel de Ville le terrain de cette superbe place, toutes les faces des maisons déjà élevées jusqu'aux combles, la statue équestre du Roy décorant le centre de la place, œuvre de Girardon, sculpteur, exécutée en bronze par Jacques Keller, l'excellent fondeur de l'époque. En échange, l'Hôtel de Ville s'engageait à construire à ses frais, dans le faubourg Saint-Antoine, un Hôtel pour la seconde compagnie des Mousquetaires.

En devenant propriétaire de la place, alors Louis-le-Grand, la Ville modifie complètement les dispositions primitives, restreint les dimensions ; les faces des bâtiments sont avancées vers le centre de dix toises en tous sens, et les angles du carré qu'elles devaient former sont coupés de manière à donner à la place la forme d'un octogone imparfait.

Pour les dédommager des frais qu'elle avait dû faire pour la construction de l'Hôtel des Mousquetaires dont la dépense s'était élevée à la somme de 800.000 francs, la Ville vendit alors une partie des terrains à de riches particuliers qui s'y firent construire de somptueuses demeures, dont la première fut élevée sur les dessins de l'architecte Jean Bullet et occupée en 1702 par Antoine Croisat, receveur général des finances de la Généralité de Bordeaux. Cet hôtel renfermait notamment une galerie peinte par un Napolitain, Paul Matheï. La préférence donnée à cet artiste fait dire à Germain Brice, dans sa *Description nou-*

velle de la Ville de Paris, publiée en 1706, « que le choix de ce maître
« a fait aisément juger que le mauvais goût et la prévention régnant
« encore en quelques endroits à Paris, malgré la justice que l'on
« devait rendre à nos habiles peintres, lesquels auraient, sans doute,
« bien mieux fait que cet étranger, fort prévenu de son mérite. »

Près de l'Hôtel Croisat, à main gauche en entrant par la rue Saint-
Honoré, était celui de Luillier, fermier général des Fermes du Roy.
L'intérieur en était grand et spacieux, notamment l'escalier, un des
plus beaux de l'époque ; puis encore ceux de Bénier et de Nicolas,
Jérôme, Herlant, tous deux employés dans les finances. En 1703,
l'architecte Jules Hardouin-Mansart, surintendant des Bâtiments du
Roy, auteur de la décoration régnant uniformément au pourtour de la
place, s'y était aussi fait construire une grande maison ; elle était située
sur la petite face en pan coupé, à main gauche en entrant par la rue
Saint-Honoré. Le terrain en était fort irrégulier ; mais il ne paraît point
que Mansart ait gardé longtemps cette propriété, car on sait qu'en
1706 elle était occupée par Claude Libas de Montargis, Trésorier de
l'Extraordinaire des Guerres.

La décoration de la place, œuvre de Mansart, comme il vient d'être
dit, se compose d'un soubassement orné de bossages, surmonté d'un
ordre corinthien dans la hauteur duquel sont compris deux étages
d'appartements. Les chapiteaux et tous les ornements de sculpture
ont été exécutés sous la direction de M. Poultier, sculpteur de
l'Académie.

Le centre de la place était encore à cette époque orné de la statue
équestre de Louis XIV, œuvre de Girardon ; elle avait été inaugurée
avec grande pompe le 13 août 1699 et y resta jusqu'à l'époque des
fureurs populaires de 1792 ; elle fut alors renversée, fondue, et la
place prit le nom de *Place des piques*. Toutefois, les fondations sur
lesquelles s'élevait le piédestal de cette statue furent conservées, peut-
être en raison seulement de la difficulté que présentait leur destruction,
car elles reposent sur pilotis et ont, dit-on, trente pieds de profondeur.
Aussi, lorsque, sous le règne de Napoléon Ier, fut décidée la construction sur la place Vendôme d'une colonne destinée à perpétuer les
hauts faits des armées françaises, leurs rapides et glorieuses cam-
pagnes, ces fondations furent-elles jugées suffisantes malgré le grand
poids qu'elles devaient supporter. On se contenta de faire quelques
travaux à l'arasement du sol.

Démolition ordonnée par décret de la commune en date du 12 avril 1871.

La colonne Vendôme prête à être renversée.

D'après une photographie prise le 6 mai 1871, à 5 heures 20 du soir, quelques instants avant la chute.

Tous les préparatifs du « déboulonnement » sont achevés.

La chute de la colonne Vendôme : le triomphe des Fédérés. Fac-similé d'une estampe contemporaine de « Paris et ses ruines ».

2° LA COLONNE VENDOME

SA CONSTRUCTION

Ce monument triomphal est destiné à transmettre à la postérité la gloire de la Grande Armée, qui fit la campagne de 1805, rendue fameuse par la prise d'Ulm, la bataille d'Austerlitz et par la paix de Presbourg, qui la termina.

Dès 1801, au lendemain du 18 Brumaire, le Conseil général du département de la Seine sollicitait de Bonaparte, alors seulement premier Consul, l'autorisation de lui élever sur la place un monument commémoratif des bienfaits déjà accomplis par son gouvernement. Bonaparte fit la réponse suivante à cette proposition :

« L'idée de dédier des monuments aux hommes qui se rendent « utiles au peuple est honorable pour la nation.

« J'accepte l'offre du monument que vous voulez m'élever ; que la « place en reste désignée ; mais laissons au siècle à venir le soin de « la construire, s'il ratifie la bonne opinion que vous avez de moi.

« Bonaparte[1]. »

L'idée était lancée ; elle fit son chemin, et ne tarda point à prendre corps.

Dès le 1er octobre 1803 (13 Vendémiaire an XII), le premier Consul, voulant par un monument consacrer la sécurité rétablie, le nombre des départements porté à 108, le concordat signé, la paix et la grandeur de la patrie assurées, rend un décret aux termes duquel on prenait la décision suivante :

« Il sera élevé à Paris, au centre de la place Vendôme, une colonne « à l'instar de celle érigée à Rome en l'honneur de Trajan.

« Son fût, de 20 mètre 78 centimètres de hauteur, sera orné de « 108 figures allégoriques, représentant les départements de la Répu-« blique.

« Elle supportera la statue pédestre de Charlemagne[2]. »

On ne se proposait alors d'élever une colonne qu'en l'honneur de l'accroissement de la France, et la statue de Charlemagne, l'Empereur des Francs, devait en être le couronnement.

Le 12 mars 1806, répondant à une demande de l'Empereur relative

1. *Correspondance de Napoléon Ier*, t. VII, p. 447.
2. *Correspondance de Napoléon Ier*, t. XII, p. 137.

au monument de la place Vendôme, M. de Champagny, alors
Ministre de l'Intérieur, lui écrivait :

« Sire, j'ai arrêté, après avoir consulté M. Denon, et d'après l'avis
« de la classe des Beaux-Arts de l'Institut national, les dispositions
« préliminaires pour préparer l'exécution des ordres de Votre Majesté,
« à l'égard de la colonne qu'elle a décidé d'élever à la place Vendôme.

« Mais il reste, Sire, une intention à donner à ce monument; les
« vœux de la nation française l'ont désignée. Votre Majesté l'avait
« d'abord destiné à recevoir la statue de Charlemagne, mais elle a
« depuis rendu cette statue à la ville d'Aix-la-Chapelle.

« Que Votre Majesté me permette de lui dire qu'elle se rendrait
« aux sentiments unanimes de ses sujets, si elle consentait à ce que
« cette colonne, formée avec les canons pris à l'ennemi, servit à con-
« sacrer les souvenirs d'une campagne qui vient de marquer une
« époque si glorieuse à l'histoire de France ; et à ce que cette colonne,
« exécutée sur les proportions de la colonne Trajane, fût surmontée de
« la statue du prince qu'elle chérit [1]. »

Par une décision en marge de ce rapport, l'Empereur prescrivait au
Ministre de la Guerre de mettre à la disposition du Ministre de l'Intérieur, pour être employées à la construction de la *Colonne d'Austerlitz*,
cent cinquante mille livres de bronze en pièces de canon, prises tant
sur les Russes que sur les Autrichiens.

Malgré cette expression formelle employée par l'Empereur lui-
même, ce nom de colonne d'Austerlitz, qui devait si bien rappeler aux
générations à venir le but de sa construction, le souvenir de l'une de
nos plus grandes gloires nationales, ne subsista point. Nous savons,
d'après les documents et les correspondances de l'époque, et notamment par des lettres de M. Denon, alors directeur des Musées, que la
colonne était alors désignée sous le nom de *Colonne Germanique* qu'elle
échangea bientôt pour la dénomination de *Colonne de la Grande Armée*
pour prendre quelques années plus tard la dénomination de *Colonne
Vendôme*, nom qui a prévalu et qu'elle doit à l'origine de la place et
de l'Hôtel édifiés par Henri IV pour le duc de Vendôme ; c'est ce qui
a fait dire très justement à Bergeret, auteur des dessins de la composition qui s'enroule autour du monument, dans une de ses lettres si
intéressantes, publiées seulement en 1848, que « c'est ordinairement
« le monument qui donne le nom à la place qu'il décore ; mais ici,

1. *Correspondance de Napoléon Ier*, t. XII, p. 229.

Les débris de la colonne après sa chute ; à gauche, faisceaux de fusils.

D'après une photographie inédite.

« par suite de l'inattention qui caractérise les Français, cet ordre
« naturel est interverti [1]. »

Après la décision de Napoléon Ier, il n'y avait plus qu'à se mettre à
l'œuvre, et MM. Lepère et Gaudoin, architectes, furent chargés de
l'exécution sous la haute direction de M. Denon, alors Directeur général des Musées.

Mais afin de donner l'unité indispensable à une composition qui
devait rappeler les hauts faits des armées françaises dans la campagne
de 1805, être reproduits par la sculpture au pourtour de la colonne,
on confia à un seul artiste, M. Bergeret, peintre, le soin d'en faire le
dessin. Lors de la reconstruction de la colonne, en 1873, nous eûmes
l'occasion de voir une grande partie de ces dessins, conservés par un
instituteur à Paris, et de nous convaincre que les sculpteurs chargés
de leur exécution y avaient apporté de notables et fréquentes modifications.

Ce Bergeret (Pierre-Solasque), peintre d'histoire, paysages et portraits, né à Bordeaux, était élève de Vincent et de David. Dans le
volume intitulé : *Lettres d'un artiste sur l'état des arts en France*, il
nous donne de très intéressants détails sur les tracasseries auxquelles
il fut en butte au cours de son travail.

C'est, dit-il, à l'époque du Salon de 1806 que la proposition lui
fut faite par M. Denon, de faire les dessins de l'immense bas-relief de
la colonne. Il venait de terminer un tableau, *Les honneurs rendus à
Raphaël après sa mort*, qui lui avait valu un grand succès et qui avait été
acheté par l'Empereur. Bien qu'il se trouvât dans une situation très
précaire, il refusa par suite, dit-il : « de la crainte des critiques de ses
« confrères; par la crainte aussi qu'une longue série de compositions
« et de dessins, dans les costumes modernes, ne devint bien fatigante

---

1. Voici comment Thiers parle de la colonne Vendôme :

« Un monument triomphal avait été ordonné par le Sénat, sur la proposition du Tribunal. Après bien des plans rejetés, Napoléon s'arrêta à l'idée
d'élever, sur la plus belle place de Paris, une colonne de bronze, semblable par la
forme et par les dimensions à la colonne Trajane, consacrée à la Grande Armée,
et retraçant sur un long bas-relief, enroulé autour de son fût magnifique, les
exploits de la campagne de 1805. Il fut décidé que les canons pris sur l'ennemi
en fourniraient la matière. La statue de Napoléon, en costume impérial, dut en
surmonter le chapiteau. C'est cette même colonne de la place Vendôme, au
pied de laquelle passent et repassent les générations présentes et futures, sujet
d'une généreuse émulation pour elles, tant qu'elles conserveront l'amour de la
gloire nationale, sujet de reproche éternel, si elles étaient jamais capables de
perdre ce noble sentiment!

Napoléon arrêta ensuite le projet d'un arc triomphal sur la place du Carrou-
sel, le même qui existe aujourd'hui (*Histoire de l'Empire*, t. I, p, 273).

« et bien monotone ; par la crainte enfin que certains sculpteurs estro-
« pient ses figures et dérangent ses compositions. » Cependant, sur les
instances de M. Denon, les belles promesses qui lui furent faites, de
décoration, de places, finirent par le faire accepter, promesses, dit-il,
qui furent éludées lorsqu'il eut achevé son travail ; il ne toucha même
pas l'intégralité de la somme qui lui avait été allouée.

Cinq millions, dit-il dans ses lettres, avaient été votés pour l'érec-
tion du monument. Dans cette somme, le prix des dessins était établi à
16.000 francs ; mais, par suite de concussions d'un certain Lavallée, il
ne toucha que 11.800 francs. Ce Lavallée était un ancien garçon perru-
quier qui, par l'entremise même de Bergeret, avait été introduit dans
l'administration du Musée, en était devenu le secrétaire (Lettre VII)
et le desservit néanmoins toutes les fois qu'il en trouva l'occasion. Il
finit cependant par être renvoyé. « Mais... avec la décoration de la
« Légion d'honneur donnée par le Roi, il fut obligé, au retour de l'Em-
« pereur, de la mettre dans sa poche ; ce qui fit dire à Carle-Vernet
« que bien que Lavallée ne fût pas peintre, il avait fait une *Descente de*
« *croix*. Les dessins mis à exécution portent 845 pieds de développe-
« ment. J'en fis près de mille dans l'espace de quatorze mois. Ce sur-
« croît de travail fut occasionné par des changements qu'il fallait faire,
« tantôt à la demande d'un prince, tantôt à la demande d'un géné-
« ral, d'un colonel, etc., ce qui devenait fatigant et nous faisait perdre
« un temps considérable. »

Ces réclamations allèrent si loin qu'elles nécessitèrent l'interven-
tion de Napoléon, et que M. Denon dut lui porter une quantité considérable de dessins qui reçurent l'approbation de l'Empereur ; l'apposi-
tion de la *Griffe de lion* fut nécessaire pour mettre fin à des sollicita-
tions qu'il était parfois fort difficile d'éluder.

Ces tribulations ne furent point les seules que Bergeret eut à supporter. Il raconte, notamment, que, sur sa demande pressante, il obtint
de M. Denon de faire exécuter douze bas-reliefs par un sculpteur italien
nommé Bartholini, « *paressait avec délice* », défaut qui fut cause de la
grande lenteur apportée à l'avancement de son travail. Un camarade
d'atelier venait quelquefois le voir ; c'était Bosio, alors très malheu-
reux, et qui faisait pour vivre de petits portraits peints en miniature
qui lui étaient payés 20 à 30 francs. Un jour, Bartholini, pressé
de terminer un panneau attendu pour la fonte, prie Bosio de finir
l'ébauche. Sur les compliments que lui fit Bergeret, Bartholini et
Bosio le prient de demander à M. Denon que quelques-uns des bas-
reliefs lui fussent confiés. M. Denon refuse considérant Bosio comme

La statue de Napoléon Ier gisant à terre, et la calotte en bronze qui surmontait la colonne Vendôme.
D'après une photographie inédite.

Reconstruction ordonnée par la loi du 30 mai 1873, votée par l'Assemblée Nationale, et par une lettre du 6 juin 1873.

Vue de la charpente ayant servi à la reconstruction, en 1873, de la colonne Vendôme, par Alfred Normand, membre de l'Institut.

D'après une photographie inédite prise sur nature en 1873.

un peintre en miniature. Bartholini use alors d'un stratagème ; il fait exécuter par Bosio deux ou trois panneaux, les expose avec les siens, les fait voir à M. Denon qui les remarque sans se douter de l'auteur. La supercherie dévoilée, M. Denon revient sur son refus et confie à Bosio l'exécution de plusieurs panneaux. L'état récapitulatif des dépenses de la colonne, dressé par l'architecte Lepère, nous apprend que Bosio a refait trois bas-reliefs de M. Gois, qui n'avaient pu être acceptés, et neuf autres du fût et qu'il toucha pour ces travaux une somme de 7.200 francs. — Ces bas-reliefs, d'ailleurs, comptent parmi les mieux réussis. Bosio n'en eut aucune reconnaissance. Il fit le portrait de M. Denon, ce qui lui valut celui de l'Impératrice et de beaucoup d'autres personnages ; il fut logé par le Gouvernement, nommé membre de l'Institut, chargé de nombreux travaux ; Bergeret ajoute dans la lettre que nous analysons : « Il ne lui fit pas même « une visite amicale, ne lui adressa pas le moindre remerciement « pour une fortune dont il était l'auteur, et lorsque, plus tard, « M. Denon voulut le faire entrer à l'Institut, Bosio porta sa voix « sur Robert Lefèvre, chez lequel il dînait souvent. Bosio devint « sculpteur du Roi, Baron, » et sembla mépriser Bergeret qui termine sa lettre par ses mots : *Ainsi va le monde.*

Les architectes, MM. Lepère et Gondoin, donnèrent à la colonne les proportions doriques de celle que Trajan fit élever en marbre au centre de son forum à Rome. Ils la construisirent en pierre avec revêtement en bronze. C'était le premier travail de ce genre ; il fallait tout inventer, prévoir les effets de dilatations diverses de la pierre et du métal ; les moyens d'attacher et de supporter la longue suite de bas-reliefs s'enroulant au pourtour du fût, leur poids énorme, et procéder avec une grande précision à leur ajustage afin de ne pas laisser voir les coupes qui séparent les diverses pièces ; ce n'est que leur rendre justice que de dire qu'ils se tirèrent avec le plus grand honneur de toutes les difficultés qu'ils eurent à surmonter, et que nous fûmes à même de reconnaître et d'apprécier lorsque nous eûmes à reconstruire la colonne. On bâtit le corps de la colonne entièrement en roche de Bagneux de fort belle qualité, avec escalier à vis, taillé dans l'intérieur de la masse, et donnant accès à la plate-forme au-dessus du tailloir du chapiteau ; on intercala dans le soubassement, sous le noyau de cet escalier, une boîte ronde en plomb, fermée à vis, renfermant une épreuve de chacune des monnaies frappées à l'effigie de Napoléon Ier. La pierre est entièrement revêtue de plaques de bronze au nombre de 425, exécutées avec le bronze des canons pris sur l'ennemi à Ulm et à Vienne. 1.120 agrafes de même métal, scellées dans le noyau en pierre, servent à y fixer ces plaques, qui ont en moyenne de six à douze lignes d'épaisseur (14 à 27^{mm}) et un mètre carré environ ; chacune de ces plaques porte par derrière trois forts talons [1] venus avec la fonte dont deux sont placés vers les deux angles inférieurs et le troisième dans le milieu du côté supérieur ; chacun de ces talons se loge dans une niche pratiquée dans la maçonnerie, de telle sorte que la surface intérieure de la plaque affleure la pierre. Chaque talon est supporté par de fortes agrafes en bronze, scellées de quinze pouces (o^m 406) dans la maçonnerie : les talons sont percés verticalement, et traversés, dans ce sens, par un fort goujon en bronze, qui entre juste dans le talon, et le dépasse de quelques centimètres par dessous. Là, il entre librement dans un trou ovale qui lui permet tous les mouvements que les circonstances exigent : les plaques ne sont pas liées entre elles et se rejoignent seulement par un biseau contrarié.

Le même système a été suivi pour les huit grands bas-reliefs du piédestal, le socle, la plinthe, les cimaises, les corniches, les guirlandes, etc. Toutes ces pièces, qui sont d'une même longueur, sont aussi solidement jointes avec la pierre que les petits bas-reliefs, c'est-à-dire qu'on y a ménagé des talons qui reposent sur des agrafes en bronze, qu'on a espacés entre elles proportionnellement à leur poids, à leur forme et aux lois de la dilatation. Ces procédés très ingénieux, qui dénotent, de la part des architectes qui les ont conçus et mis à exécution, une science et une pratique rares, ont parfaitement réussi. Quelle que soit la température, on n'aperçoit jamais la moindre déformation, un écartement quelconque entre les nombreuses plaques dont se compose le revêtement, et l'on peut affirmer que la construction de la colonne Vendôme fait honneur à notre siècle.

De nombreux artistes travaillèrent à la décoration de la colonne. Là aussi on trouve dans l'exécution des plaques de grandes inégalités dans la valeur sculpturale ; il en est de même pour la qualité du bronze [2]

---

1. Voyez la planche ci-contre qui donne le plan.

2. Nous donnons ici un extrait d'une communication faite, d'après les notes de M. Normand, par M. Jules Gaudry, à la Société des ingénieurs civils (séance du 21 janvier 1876). Voici ces renseignements :

« M. Jules Gaudry rappelle qu'en 1863 il a fait à la Société des ingénieurs civils une communication sur la dépose et la pose des statues de la colonne Vendôme ; aujourd'hui il se propose de fournir quelques données sur la reconstruction du monument, qui vient d'être faite par l'architecte Alfred Normand. Bien que cette communication soit faite au point de vue purement technique, M. Gaudry croit qu'il est bon tout d'abord de relever deux erreurs qui ont cours sur la colonne Vendôme.

Reconstruction de la colonne Vendôme en 1873. Pose des plaques de revêtement en bronze.

D'après une aquarelle d'après nature par Alfred Normand, architecte chargé de la reconstruction.

La partie centrale figure la 19ᵉ assise. c'est-à-dire l'assise du point de départ du fût de la colonne, au niveau du cavet de la base. Le plus grand diamètre de cette assise est de 12 p. 6ᵘ 2 lig. (soit 4.065), le plus petit de 11 p. 4° 2 lig. (3 ᵐ 686); sa hauteur est de 17° 2 lig. (0.465).

COLONNE VENDOME A PARIS

SPÉCIMEN DE LA DISPOSITION D'UNE DES ASSISES ET DES MOYENS EMPLOYÉS
POUR FIXER A LA MAÇONNERIE LE REVÊTEMENT EN BRONZE
(Voir aussi la vue perspective explicative de ce système de construction).

Les onze trous de logement des agrafes du pourtour de la maçonnerie permettaient la liaison avec les talons existant derrière les plaques de revêtement.

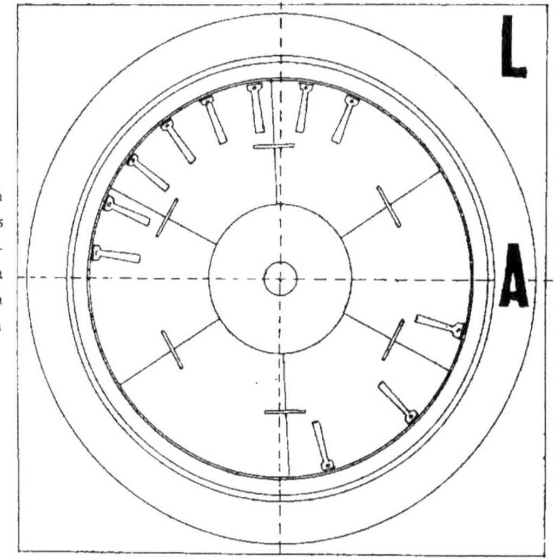

Réduction à moitié d'un des dessins autographiés ayant servi pour la reconstruction de 1873.

Les diverses assises ont donné lieu à une suite de dessins de ce genre, avec de légéres variantes correspondant aux diverses assises.

PLAN DES ASSISES constituant la base posée sur le piédestal.

Les six crampons pèsent 18 kilogr. — Les onze agrafes pèsent 99 kilogr.

La lettre de renvoi **L** indique que cette partie du plan représente la 16ᵉ assise à partir des fondations (ou assise supérieure de la plinthe qui est sous le tore, immédiatement au-dessus du piédestal). — La lettre **A** désigne la 18ᵉ assise ou moitié supérieure du tore de la base (sa moitié inférieure cachée en projection par l'autre est constituée par la 17ᵉ assise).

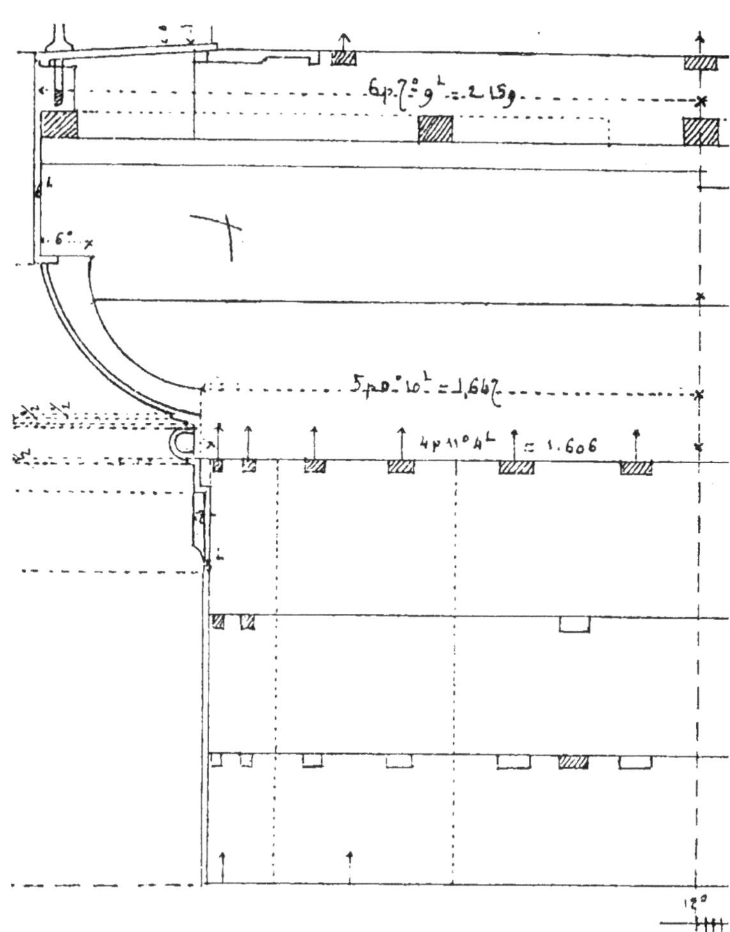

Les côtes des dimensions du

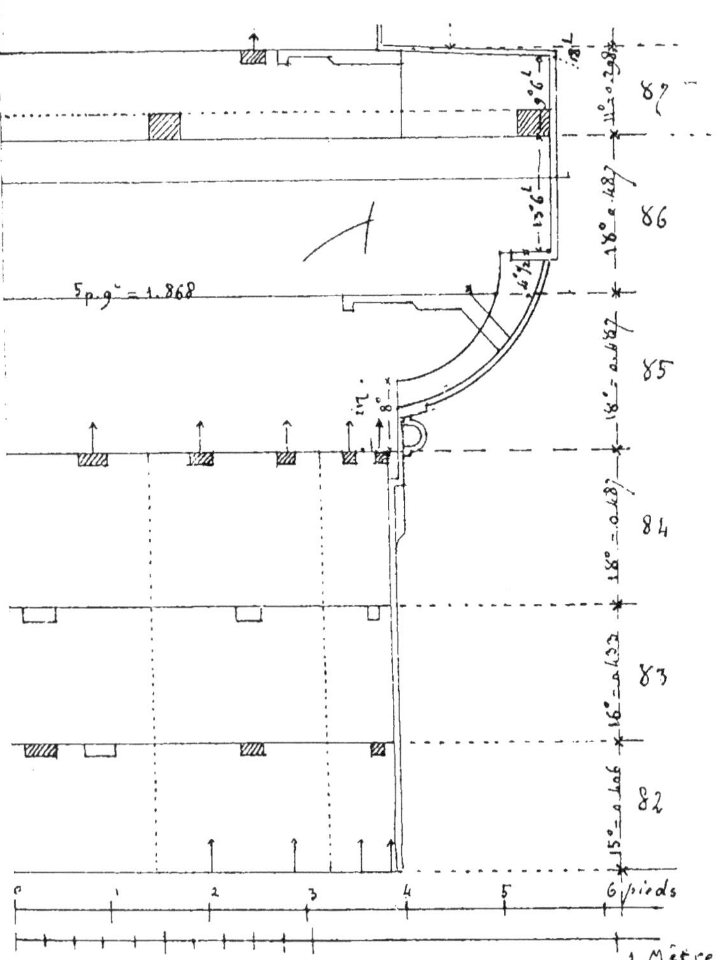

lu de la colonne Vendôme.

dont la composition n'est pas uniforme ; mais on était si pressé de voir ce monument achevé, que l'on écrivait lettre sur lettre au fondeur,

« La première est que c'est, dit-on, un monument sans valeur artistique. Ceux qui le prétendent l'ont donc bien peu regardée, car les appréciateurs les plus autorisés n'hésitent pas à dire qu'à part quelques plaques, toutes ces sculptures appartiennent au meilleur style de l'école de David.

La seconde erreur concerne le bronze. Il est de mode de dire et d'écrire qu'il est *ce qu'on peut voir de plus mauvais*. La vérité est qu'il y a par places des piqûres assez nombreuses que le temps n'a d'ailleurs pas agrandies, et desquelles on pourrait peut être conclure que l'art du fondeur, si admirable au temps des Keller, avait été un peu oublié, comme d'autres, à cette époque d'orages publics. Mais quant à la composition du bronze, les analyses et épreuves faites en divers laboratoires, notamment à celui du chemin de fer de l'Est, prouvent qu'il est de qualité non seulement bonne, mais parfois supérieure.

Cette composition est néanmoins très variable. ce qui n'étonne pas, puisque les 1.200 canons qui ont servi à faire la colonne Vendôme venaient de tous les pays et dataient de toutes les époques, d'où l'on voit qu'on n'était pas plus fixé en ces temps qu'au nôtre sur la *composition-type* du bronze.

En général, les analyses ont donné les trois recettes suivantes :

Cuivre pur	81.5	83	90
Étain	13.5	13	10
Plomb	5	4	0
	100.0	100	100

Il s'en faut donc de beaucoup que la colonne Vendôme soit indigne de l'estime des artistes et des bronziers.

Au premier abord on put croire que le relevage, après la chute de 1871, serait une opération facile, car les débris avaient été recueillis et classés, et on était parvenu à faire restituer les principaux morceaux manquants. Beaucoup, cependant, n'ont pas encore reparu, dispersés qu'ils sont probablement fort loin chez des collectionneurs, car l'un d'eux a été retrouvé et racheté à New-York. On reconnut ensuite que très peu de plaques étaient vraiment entières et intactes. Dans le fût seul de la colonne on a dû rapporter 700 pièces de toutes dimensions. Les crampons de bronze fixés dans la pierre et agrafant les plaques furent bien retrouvés en grande partie, mais ils ne se raccordaient plus avec les tenons d'agrafage attenant aux plaques, lesquels avaient été tordus ou arrachés. Il fallut en remplacer un certain nombre et les faire coïncider avec les crampons fixés dans la pierre, ce qui fut une des œuvres les plus délicates de la reconstruction. Un grand nombre d'assises de pierres manquaient ou avaient été brisées dans la chute.

Enfin, un certain nombre de plaques de bronzes étaient tordues comme du plomb, prouvant ainsi la ténacité et la malléabilité de l'alliage.

En parlant de ses propriétés, nous ne pouvons pas omettre de relater un phénomène qui nous a été affirmé par des témoins oculaires de la chute. Il paraîtrait qu'après la catastrophe le bronze brûlait à ne pas tenir la main, et qu'une heure après il était encore plus que tiède.

Les désastres de cette époque ont offert plusieurs sujets d'étude analogues, témoin l'allongement permanent après dilatation qu'on a constaté sur les pièces de fer des bâtiments incendiés et la pulvérisation des pierres à une très grande profondeur par les obus.

On pourrait comparer l'effet à celui des glaces qui ne sont percées par une

M. Launay, et que les chimistes ne pouvaient avoir le temps de faire
la moindre analyse, tant la flatterie atteignait son comble en ce temps.

Les bas-reliefs de la façade du piédestal accolés à la porte d'entrée, ainsi que les deux Renommées qui soutiennent le cartouche de
l'inscription ont été sculptés par M. Gérard sur les dessins de
M. Mazois, architecte ; ceux des trois autres faces de ce piédestal ont
été exécutés par MM. Beauvallet et Renaud ; les aigles, par M. Canlers.

Enfin les divers bas-reliefs qui entourent le fût sont l'œuvre de
MM. Bartolini, Beauvallet, Boischot, Boquet, Bosio, Bouillet, Bridan,
Callamart, Cardelli, Mlle Charpentier, MM. Clodion, Corbet, Delaistre,
Descine, Dumont, Dupasquier, Fortin, Foucou, Franin, Gaule,
Gérard, Gois fils, Lorta, Lucas, Montoni, Petitot, Picard, Renaud,
Rutxhiel, Stouff et Tavnay. Tous les ornements de sculpture ont été
exécutés par M. Gelée.

La fonte de tous les bronzes, commencée par M. Delaunay et achevée par M. Canlers, eut lieu dans des ateliers construits exprès dans
l'enceinte de la foire Saint-Laurent et la ciselure en fut faite par
M. Raymond.

La porte d'entrée qui donne accès à l'escalier intérieur, située au
midi, surmontée d'un cartouche soutenu par deux Renommées,
reçut l'inscription suivante qui relate la gloire de la guerre germanique :

NEAPOLIO . IMP . AUG.

MONUMENTUM . BELLI . GERMANICI

ANNO . M . D . CCCV .

TRIMESTRI . SPATIO . DUCTU . SUO . PROFLIGATI.

EX . ÆRE . CAPTO .

GLORIÆ . EXERCITUS . MAXIMI . DICAVIT . [1]

La statue qui couronnait alors le monument était du sculpteur
Chaudet, membre de l'Institut, l'un des artistes le plus en renom de

balle que d'un simple trou, et sont étoilées dans toutes leur superficie ; des
pierres auraient été détruites de même partout dans leur agrégation moléculaire, et là où l'on croyait n'avoir à reboucher qu'une simple trouée d'obus, on
a reconnu que tout le bloc s'en allait en poussière, ainsi qu'il est arrivé notamment à l'Arc de Triomphe, réparé aussi par M. Alfred Normand. »

1. « Napoléon Empereur Auguste a dédié à la gloire de la Grande Armée ce
monument fait avec l'airain conquis sur l'ennemi pendant la guerre d'Allemagne, qui, sous son commandement, fut terminé en 1805, dans l'espace de
trois mois. »

l'époque ; elle représentait l'Empereur vêtu à la manière des Romains, d'une simple chlamyde, la tête ornée d'une couronne de lauriers, une

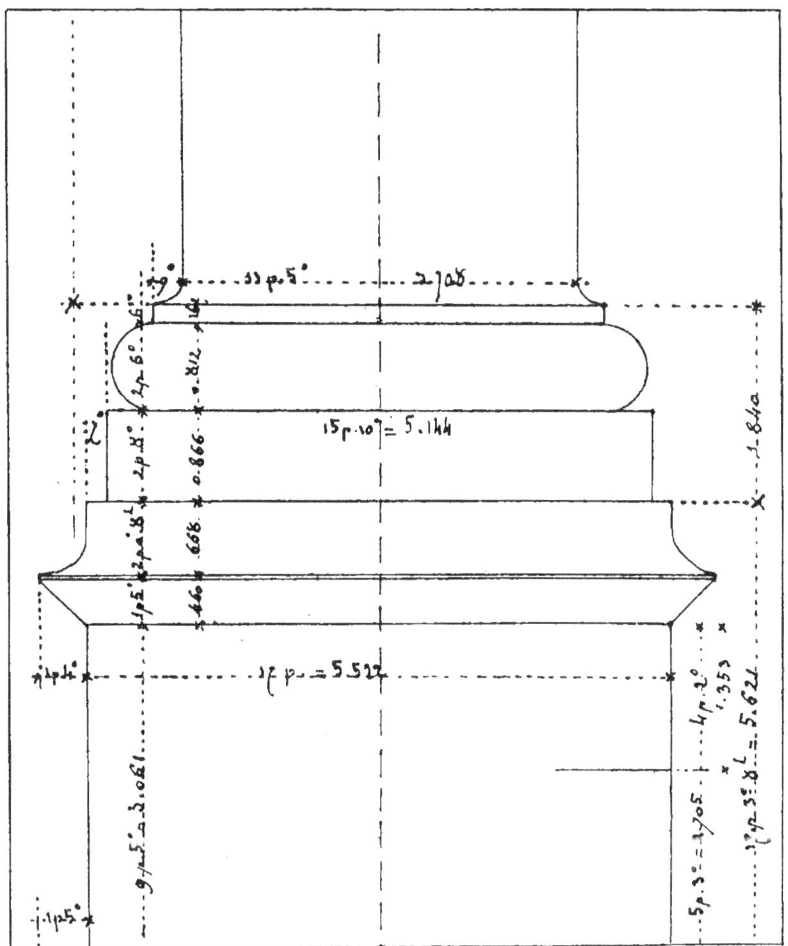

Les dimensions de la base de la colonne Vendôme.

main était appuyée sur un glaive, l'autre portait un globe surmonté d'une victoire ailée.

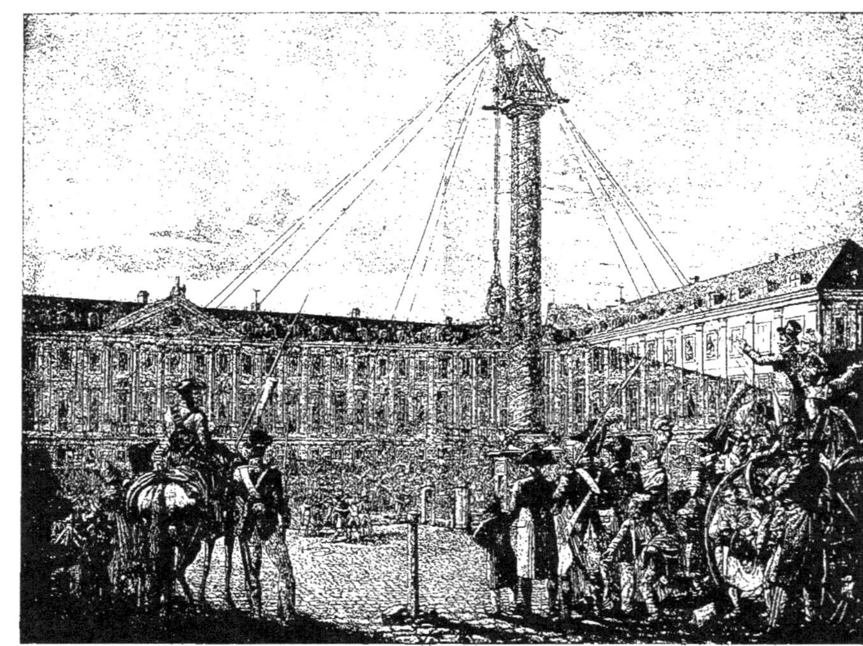

Descente, en avril 1814, de la statue de Napoléon de la colonne triomphale sur la place Vendôme.

D'après un dessin de G. Opit.

Un curieux détail sur l'état d'avancement du travail nous est fourni par ce passage du *Journal de Vaudoyer*, en date du 15 décembre 1809, publié dans *l'Ami des Monuments et des Arts*. Voici ce qu'on y lit à cette date :

« La colonne d'Austerlitz est revêtue jusqu'à la moitié de la hauteur des bronzes qui éterniseront les faits d'armes de nos guerres ».

« On peut voir à ce sujet le *Rapport au Corps législatif* présenté par le ministre, M. de Montalivet.

Ce furent les royalistes, rentrés en 1814 à la suite des troupes des Alliés qui l'abattirent. Ils essayèrent d'abord de la renverser en tirant sur un câble noué autour du cou ; il cassa. Le 4 avril 1814, l'empereur Alexandre, pour sauver, dit-on, le monument que les royalistes parlaient de miner, ordonna l'enlèvement de la statue. L'architecte Lepère refusa péremptoirement l'exécution de cet acte de vandalisme ; le fondeur Launay ne l'exécuta que *sous peine d'exécution militaire*, termes de l'ordre pour l'exécution duquel on dut recourir aux soldats russes, car la Garde nationale dut être relevée sur sa demande. Alors un certain M. de Montbadon, offrit à l'empereur Alexandre de Russie de l'abattre à ses frais et par des procédés réguliers ; à cet effet, il s'adressa au comte de Rochechouart, commandant de la place pour l'Empereur, et en obtint, le 4 avril 1814, l'ordre suivant :

« En exécution de l'autorisation donnnée par nous à M. de Mont-
« badon de faire descendre à ses frais la statue de Bonaparte, et sur la
« déclaration de M. de Montbadon, que M. Launay, demeurant à
« Paris, n° 6, place Saint-Laurent, faubourg Saint-Denis, et auteur de
« la fonte des bronzes du monument de la colonne, est seul capable
« de faire réussir la descente de cette statue, ordonnons au dit
« M. Launay, sous peine d'EXÉCUTION MILITAIRE, de procéder
« sur le champ à la dite opération, qui devra être terminée mercredi,
« 6 avril, à minuit. »

Le Colonel aide de camp de S. M. l'Empereur de Russie,
Commandant la Place.

Comte DE ROCHECHOUART.

et plus bas était écrit :

A exécuter sur le champ.

PASQUIER.

Ce M. Pasquier était alors le Préfet de police. M. Launay se mit en devoir de remplir sa mission, tant pour sa conservation que pour celle de la statue, ce qui lui avait été expressément recommandé. Voici le procès-verbal de cette opération difficile et délicate, dressé par M. Launay lui-même et qu'il adressa aux commissaires du Roy :

« Ce fut le 4 avril courant (1814), que je reçus l'ordre de descendre la statue; deux jours me furent accordés pour cette opération, ils étaient insuffisants; j'en sollicitai deux de plus et je les obtins, j'avisai de suite aux moyens que je devais employer, l'un se présenta d'abord : c'était d'élever un échafaud sur l'une des faces de la colonne; mais je le regardai comme impraticable, vu le peu de temps que j'avais et l'énorme dépense qu'il aurait occasionnée, il ne me restait plus qu'à échafauder sur le tailloir de la colonne; mais je craignais de compromettre la solidité du monument, si j'établissais, sur un porte-à-faux, une machine assez considérable pour supporter un poids double de celui de la statue, égal à trente milliers. Cette circonstance, déjà très embarrassante pour moi, le devint d'autant plus que je connaissais le poids des oves et des différentes pièces de bronze qui sont accrochées sur les pierres en saillie de chapiteau, et maintenues par des ancres ou agrafes du même métal; d'ailleurs j'étais dans un lieu très étroit, où la manœuvre était d'autant plus difficile et dangereuse, qu'elle était très élevée et ne pouvait se faire qu'avec un très petit nombre d'hommes. D'après ces diverses considérations, pour éviter tout porte-à-faux et toutes surcharges capables d'endommager le monument, je résolus de percer son stylobate au droit de la porte d'un trou carré d'un pied, pour faire place à une pièce de bois de même dimension et de la longueur du tailloir, arrondie par les bouts pour servir de tourillons à une charpente mouvante, qui devait s'élever à cinq pieds au-dessus de la statue, afin de pouvoir la dévêtir de ses scellemens qu'en vain on avait cherché à briser avant que je n'eusse reçu l'ordre de la descendre.

« Sur cette disposition, toute la charge reposait sur le fût et sur la base de la colonne, absolument dans l'axe vertical du monument; ce qui me mit à même de remplir à la lettre les ordres que j'avais reçus pour sa conservation.

« Cette charpente se composait de deux semelles cintrées pour faciliter le renversement de l'échafaud mouvant, de deux montans, quatre contre-fiches, d'un chapeau avec ses deux liens, enfin de deux moises boulonnées; le tout garni d'étriers et de liens en fer, de moufles et de poulies convenables, amarrées de câbles et de garans.

« Je crus qu'il était indispensable de faire opérer la descente, du bas même de la colonne, en établissant dans la place Vendôme des treuils

et des cabestans combinés de manière à ce que l'effort fût également
réparti entre eux, pour se servir de haubans et de contre-haubans,
quelque position que pût prendre la statue pendant le temps de sa
descente. Tous les cordages agissaient sous un angle de 45 degrés.
Tous ces préparatifs, et quelques autres, qu'il devient inutile de
décrire, étaient destinés à faire réussir l'opération, qui eut lieu le
Vendredi-Saint, 8 avril à six heures du soir, sans le moindre accident,
au grand étonnement des spectateurs.

« MM. Albouy-Rabiaud, Alexandre Albouy et d'Equillier sont les
personnes que je me suis adjointes dans ce travail. Je n'ai qu'à me
féliciter de la manière avec laquelle ils ont exécuté mes intentions,
chacun dans leur partie. »

Ces préliminaires remplis, on souleva verticalement à l'aide de
cabestans, après l'avoir dégagée de son scellement ; ensuite par le
moyen des haubans, on fit basculer la charpente mobile sur la gauche,
et lorsque la statue eut suffisamment dépassé la direction verticale
du tailloir, de manière à ce qu'aucune partie ne pût en être dégradée,
on la fit descendre à côté de la colonne jusques sur le chariot qui
était disposé au-dessous et qui servit à la transporter.

Cette idée était extrêmement ingénieuse ; on ne pouvait ima-
giner un moyen plus simple et il est permis de se demander comment
une opération si délicate, si difficulteuse, a pu être conçue et exécutée
en trois jours et demi. Le mémoire de M. Launay auquel nous avons
emprunté ces détails[1] était accompagné d'un dessin. Nous reproduisons ici une vue de la descente de la statue, d'après un dessin de Opit
publié dans *l'Ami des Monuments et des Arts* (tome X, page 371),
et que nous a communiqué fort obligeamment M. Didot, l'éditeur des
très intéressants volumes de M. Peyre sur « *Napoléon* ».

La petite « Victoire » que le « Napoléon » tenait de sa main gauche,
disparut alors ; on ne la retrouva qu'en 1863. La statue resta dans les
ateliers de M. Launay jusqu'au retour de l'Empereur de l'île d'Elbe ;
le 3 avril 1815, M. Denon, de nouveau à la tête de la Direction générale
des Musées, en reprit possession[2] et la fit transporter dans les magasins
de la Foire Saint-Laurent où elle fut de nouveau abandonnée jusqu'au
moment où le Gouvernement de la Restauration résolut de rétablir la
statue équestre de Henri VI sur le Pont-Neuf. Le Napoléon de Chaudet

---

1. *Annales de l'industrie nationale étrangère*, n° 81, septembre 1826.
2. Son reçu stipule la disparition de la petite figure de la Victoire que portait dans sa main ladite statue.

fut alors brisé et le bronze, d'après une lettre du fondeur Mesoul, chargé du travail, servit à la fonte du cheval.

Du 8 avril 1814 au 28 juillet 1863, la colonne resta découronnée de sa statue primitive. Un drapeau blanc fleurdelisé la remplaça ; le 8 juillet 1831, une ordonnance du Roi Louis-Philippe prescrivit, sur la proposition de M. Casimir-Périer, alors ministre, de rétablir la statue de Napoléon Ier. Mais alors on le représenta non plus en costume d'empereur, mais bien en celui tout légendaire de la redingote grise. Ce fut M. Seurre, sculpteur de talent, qui fut chargé du modèle, et M. Grozatier, de la fonte en bronze qui provenait de canons pris à l'ennemi sous l'Empire [1].

Après son avénement au trône, Napoléon III, voulant rendre à l'œuvre de 1805 son aspect primitif, chargea un artiste éminent, M. Dumond, membre de l'Institut, de refaire la statue telle que Chaudet l'avait conçue ; néanmoins l'artiste y apporta quelques légères modifications. La petite Victoire ailée, disparue en 1814, reparut alors et reprit sa place dans la main du vainqueur d'Austerlitz. Cette statue, mise en place sans cérémonie, le 4 novembre 1863, portait sur sa base l'inscription suivante :

L'AN 1863 LE 4 NOVEMBRE

NAPOLÉON III

A FAIT ÉLEVER CETTE STATUE DE

NAPOLÉON Ier

POUR RAPPELER CELLE QUI AVAIT ÉTÉ

INNAUGURÉE EN 1810

SUR LA COLONNE DE LA GRANDE ARMÉE

Cette statue pesait, dit-on, 2.200 kil. (nous la reproduisons sur l'une de nos planches telle qu'elle figure après sa chute) ; son montage avait été effectué avec grand talent par l'architecte Historff ; ce fût elle que la Commune renversa, avec la colonne, en 1871, et qui, bien que fort mutilée par sa chute, a été restaurée et a été remise en place, le lundi 27 décembre 1875, deux ans après la reconstruction de la colonne en 1873.

Nous savons par un état général des dépenses nécessitées pour la construction de la colonne, dressé le 13 février 1811 par les architectes Lepère et Gaudoin, et conservé à la Bibliothèque de l'Hôtel

---

1. La statue du « Petit Caporal », par Émile Seurre, fut placée le 29 juillet 1833 et y demeura jusqu'en 1863 ; on projeta alors de la placer au rond-point de Courbevoie, sur un piédestal de Duban.

Carnavalet le prix de revient de la colonne. Les demandes des entrepreneurs s'élevèrent à la somme totale de 1.611.854 fr. 18, chiffre qui, après règlement, fut abaissé à 1.335.031 fr., non compris la valeur du bronze provenant de canons pris à l'ennemi et dont le poids, d'après le fondeur M. Launay, est de 200.000 kil. Au prix du cours de l'époque (2 fr. 50), cette masse de bronze représente une somme de 500.000 fr.

Les dépenses ont été réparties de la manière suivante :

Maçonnerie exécutée par M. Plateau		345 367^f 48
Charpenterie	Lacasse	105 366 94
Serrurerie	Vavin	44 144 82
Menuiserie	Ravenet	57 784 35
Marbrerie	Vve Groos	34 150 26
Couverture	Rocher	6 616 20
Plomberie	Gondoin	4 065 54
Pavé	Gentil	905 41
Pavé de Paris	L'Ecluse	3 547 18
Pisé des bronzes	Pourin	450 00
Fonte de bronzes	Launay	127 124 91

(Du 13 septembre 1806 à fin septembre 1809).

Fonte de bronze de fin septembre 1809 au 17 avril 1810, Gonon.		37 712 89
Ciselure des bronzes	Rémond	267 219 46
Sculpture d'ornements	Gellé	39 115 25

SCULPTEURS. STATUAIRES

Beauvallet,	bas-relief d'une face du piédestal	5 000^f »
—	— —	5 000 »
—	6 bas-reliefs du fût	3 600 »
Renaud,	bas-relief d'une face du piédestal	5 000 »
—	un aigle	500 »
—	deux aigles	1 500 »
—	12 bas-reliefs du fût	7 200 »
—	indemnité accordée	1 200 »
—	modèle d'aigle pour la porte	400 »
Girard,	bas-reliefs	5 000 »
—	9 bas-reliefs du fût	5 800 »
Chaudet,	modèle de la statue de l'Empereur	13 000 »
—	moulage du manteau	120 »
Montoni,	24 bas-reliefs du fût à 300 fr	7 200 »
—	— —	4 800 »
—	pour les aigles de la porte	400 »
Calamart,	12 bas-reliefs du fût	7 200 »

Bartholiny, 6 bas-reliefs du fût........................... 3 600 »
— indemnité accordée........................... 200 »
Gois fils, 11 bas-reliefs du fût........................ 6 600 »
Bosio, réfection de 3 bas-reliefs de M. Gois........... 1 800 »
— 9 bas-reliefs du fût......................... 5 400 »
Taunay, réfection de 2 bas-reliefs de M. Gois........... 1 200 »
— 10 bas-reliefs du fût........................ 6 000 »
Boisot, retouche de 2 bas-reliefs de M. Gois........... 6 000 »
— réfection de 6 bas-reliefs de M. Delastre....... 3 600 »
— 12 bas-reliefs du fût........................ 10 800 »
Fortin, réfection de 6 bas-reliefs de M. Delastre........ 3 600 »
— 4 bas-reliefs du fût......................... 2 400 »
Delaitre, 12 — .... 7 200 »
Bridau, 12 — .... 7 200 »
Stouff, 12 — .... 7 200 »
Clodion, 15 — .... 9 000 »
Dupasquier, 6 — .... 3 600 »
Lortat, 6 — .... 3 600 »
— raccordement des bas-reliefs.................... 13 916 »
Lucas, 5 bas-reliefs du fût......................... 3 000 »
Bosquet, 6 — .... 3 600 »
Gaule, 7 — .... 4 200 »
Ruxiel, 9 — .... 5 400 »
Petitot, 7 — .... 4 200 »
Corbet, 4 — .... 2 400 »
Cardelly, 6 — .... 3 600 »
Picard, 4 — .... 2 400 »
Descine, 6 — .... 3 600 »
Faucou, 5 .... 3 000 »
Franseix, 4 — .... 2 400 »
Boullet, 5 — .... 3 000 »
Boichot, 4 — .... 2 400 »
Dumont, 6 — .... 3 600 »
Mademoiselle Charpentier, 4 bas-reliefs du fût............. 2 400 »

DESSINATEURS

Bergeret, dessins des bas-reliefs........................ 11 000 »
Zix, dessin du bas-relief du piédestal............... 400 »

ARCHITECTES

Gondoin et Lepère, honoraires........................ 50 000 »

TOTAL.......... 1 354 606 69

A déduire sur cette dépense 19 574 fr. 87, montant de la vente
des matériaux et ustensiles ayant servi à la construction..... 19 574 87
Reste pour dépense totale, non compris la valeur du bronze... 1 335 031 82

Commencée le 8 juillet 1806, la colonne était terminée le 15 août 1810.

Le piédestal de la colonne reposait alors sur un socle ou emmarchement en marbre blanc en 1833. Il fut décidé de le remplacer par un autre en granit de Corse des carrières de l'Alguyola ; il fut exécuté par un sieur Saint-Heuraux, terminé et reçu par l'architecte Lepère, le 14 août 1835, et fut payé à forfait la somme de 70.000 fr. à laquelle s'ajouteront 8.468 fr. 94 pour clôture provisoire de l'atelier, la dépose et repose de la grille d'enceinte, la dépose, le transport et l'emmagasinement à l'île des Cignes, des marbres de l'emmarchement primitif, le rétablissement à neuf du pavé, etc.